小跳豆 Jumping Bean 幼兒 自理 故事系列

我會自己刷牙

U0111537

新雅文化事業有限公司
www.sunya.com.hk

小跳豆
幼兒自理故事系列

跟着跳跳豆和糖糖豆一起學習照顧自己！

自理能力，是指憑自己的能力來獨立完成事情。在孩子學習自理的過程中，不單是訓練他們的日常生活技能，也是培養他們的責任感和自信心。因此，家長要懂得適時放手，相信孩子的能力，而且要把握關鍵的時機，在 2 至 3 歲開始教導孩子基本的自理能力，讓他們不再依賴。

《小跳豆幼兒自理故事系列》共 6 冊，由跳跳豆和糖糖豆透過貼近生活的圖畫故事，帶領孩子一起學習自己進食、刷牙、上廁所、收拾玩具，並養成良好的作息和主動做功課的習慣，提高孩子對各種自理能力的認識及實踐的動機。

書後設有「親子小遊戲」，以有趣的形式培養和鞏固孩子的自理能力。「自理小貼士」提供一些實用性建議予家長，有效幫助孩子養成良好習慣。

在孩子學習自理的過程中，難免會遇到困難，家長可以耐心地鼓勵他們嘗試自己解決，讓他們有進步的空間，在面對困難和挫折中學會成長。

新雅・點讀樂園 升級功能

讓親子閱讀更有趣！

本系列屬「新雅點讀樂園」產品之一，若配備新雅點讀筆，爸媽和孩子可以使用全書的點讀和錄音功能，聆聽粵語朗讀故事、粵語講故事和普通話朗讀故事，亦能點選圖中的角色，聆聽對白，生動地演繹出每個故事，讓孩子隨着聲音，進入豐富多彩的故事世界，而且更可錄下爸媽和孩子的聲音來說故事，增添親子閱讀的趣味！

「新雅點讀樂園」產品包括語文學習類、親子故事和知識類等圖書，種類豐富，旨在透過聲音和互動功能帶動孩子學習，提升他們的學習動機與趣味！

想了解更多新雅的點讀產品，請瀏覽新雅網頁(www.sunya.com.hk)或掃描右邊的QR code進入 新雅・點讀樂園 。

如何使用新雅點讀筆閱讀故事?

1.下載本故事系列的點讀筆檔案

1️⃣ 瀏覽新雅網頁(www.sunya.com.hk) 或掃描右邊的QR code 進入  。

2️⃣ 點選 下載點讀筆檔案 ▶ 。

3️⃣ 依照下載區的步驟說明,點選及下載《小跳豆幼兒自理故事系列》的點讀 筆檔案至電腦,並複製至新雅點讀筆的「BOOKS」資料夾內。

2.啟動點讀功能

開啟點讀筆後,請點選封面右上角的 圖示,然後便可翻開書本, 點選書本上的故事文字或圖畫,點讀筆便會播放相應的內容。

3.選擇語言

如想切換播放語言,請點選內頁右上角的 粵 ☆ 普 圖示,當再次點選內 頁時,點讀筆便會使用所選的語言播放點選的內容。

4.播放整個故事

如想播放整個故事，請直接點選以下圖示：

5.製作獨一無二的點讀故事書

爸媽和孩子可以各自點選以下圖示，錄下自己的聲音來說故事！

1 先點選圖示上爸媽錄音 或 孩子錄音 的位置，再點 OK，便可錄音。

2 完成錄音後，請再次點選 OK，停止錄音。

3 最後點選 ▶ 的位置，便可播放錄音了！

4 如想再次錄音，請重複以上步驟。注意每次只保留最後一次的錄音。

爸媽請使用
這個圖示錄音

孩子請使用
這個圖示錄音

跳跳豆非常喜歡吃零食，
尤其是甜的東西，
果汁糖呀，巧克力呀，布丁呀，
冰淇淋呀……
他全部都愛吃。

可是跳跳豆最怕刷牙，
他不喜歡牙膏的味道，
而且不喜歡牙刷在口腔裏
弄得他很不舒服的感覺。
所以每次刷牙時，
他都隨隨便便地刷一刷，
便說刷完了。

睡覺前，
媽媽給跳跳豆說了一個
鱷魚先生的故事——
鱷魚先生患了蛀牙，
牙齒非常痛，
他請求小動物們來幫忙
把牙齒拔掉……

跳跳豆聽完故事後，
便乖乖地睡着了。
突然，跳跳豆聽到
一把小小的聲音，說：
「躲在這裏真好，
這裏有很多糖果汁、巧克力碎，
哈哈！兄弟們，快出來吃東西吧！」

接着，有很多牙蟲
從跳跳豆的牙縫裏跑出來。
他們正在吃殘留在跳跳豆
牙齒上的食物，
把跳跳豆的牙齒弄得很痛，
跳跳豆害怕得大哭起來。

媽媽聽到跳跳豆的哭聲，
馬上跑進房間，
關心地問：「跳跳豆，
發生了什麼事呀？」
跳跳豆說：「有牙蟲呀！
他們太可怕了！」

媽媽明白了，
於是她領着跳跳豆到洗手間，說：
「好！我們先漱口把牙蟲沖走吧！
然後再把牙齒刷乾淨。」

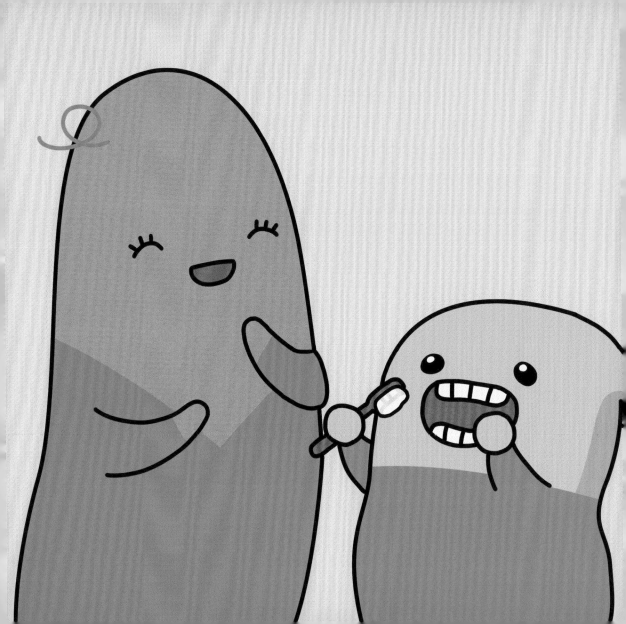

跳跳豆擔心地問：

「媽媽，我是不是患蛀牙了？

我的牙齒是不是要拔掉了？」

媽媽安慰説：

「只要跳跳豆認真刷牙，

就不怕患蛀牙了。」

接着，媽媽幫跳跳豆擠出一顆
小豆般大的牙膏在牙刷上，
然後教跳跳豆認真地刷起牙來。
跳跳豆覺得很自豪，
因為這是他第一次自己認真地
刷牙。

媽媽還教跳跳豆唱一首
《捉牙蟲歌》：
上刷刷，下刷刷，
刷掉牙蟲刷刷刷，
左刷刷，右刷刷，
牙齒潔白刷刷刷。

晚上，爸爸買了一支草莓味的
牙膏送給跳跳豆。
爸爸說：「跳跳豆長大了，
現在會自己刷牙，
也有自己喜歡的牙膏了。」

從那天起，
跳跳豆早晚都認真地刷牙，
又減少吃甜食，
牙蟲再也沒有找他了！

小朋友，你知道以下哪些行為會損害牙齒的健康嗎？
請在 ☐ 內加 ✗。

☐ A. 常常喝汽水

☐ B. 定期檢查牙齒

☐ C. 間中才刷牙

☐ D. 常常吃糖果和甜品

☐ E. 牙齒生病時看醫生

☐ F. 用力咬堅硬的食物

答案：A、C、D、F

牙齒潔白，笑容更燦爛！

🫘 在孩子還未長出牙齒之前，於孩子每次喝完奶後，可以用棉花為孩子清潔口腔，讓他養成每天清潔口腔的習慣。

🫘 當孩子長出較多牙齒後，可以給他選購幼兒專用的軟毛小頭牙刷，並鼓勵他對着鏡子來練習用牙刷刷牙的動作，讓孩子逐漸掌握刷牙的技巧。

🫘 孩子年紀還小，刷牙習慣仍未穩固。父母需要耐心地早晚在旁指導孩子刷牙。父母的支持、鼓勵和讚賞，能增加孩子刷牙的興趣。

🫘 在訓練孩子自己刷牙的初期，父母應多觀察孩子刷牙時有沒有不妥當的地方，並及時加以糾正；直至孩子能完全掌握刷牙的技巧及建立有規律的刷牙習慣，便可以安心讓孩子自己刷牙了。

小跳豆幼兒自理故事系列

我會自己刷牙

原著：楊幼欣

改編：新雅編輯室

繪圖：郝敏棋

責任編輯：趙慧雅

美術設計：陳雅琳

出版：新雅文化事業有限公司

香港英皇道499號北角工業大廈18樓

電話：(852) 2138 7998

傳真：(852) 2597 4003

網址：http://www.sunya.com.hk

電郵：marketing@sunya.com.hk

發行：香港聯合書刊物流有限公司

香港荃灣德士古道220-248號荃灣工業中心16樓

電話：(852) 2150 2100

傳真：(852) 2407 3062

電郵：info@suplogistics.com.hk

印刷：中華商務彩色印刷有限公司

香港新界大埔汀麗路36號

版次：二〇二一年三月初版

二〇二三年六月第三次印刷

ISBN: 978-962-08-7575-5